Waffen-Arsenal
Band 182

Waffen und Fahrzeuge der Heere und Luftstreitkräfte

Mittels des manuell betriebenen Drehkrans (Hebekraft 3 t) auf Fahrgestell des LKW 4,5 t (gl.) (Sd.Kfz. 100) wurde bei einer in der Ukraine kämpfenden Einheit am 10. Februar 1944 dieser Maybach-HL120TRM-Motors in einen Panzerkampfwagen III (5 cm L/60) Ausführung L (Sd.Kfz. 141/1) mit der taktischen Nummer „422" eingebaut. Noch fehlen die Zylinderköpfe und die Fallstromvergaser Solex 40 JFF II. Zwischen dem Panzer und dem Kranwagen war die Heckplatte abgelegt worden.

Motoren und Getriebe deutscher Panzer
1935 - 1945

Fred Koch

PODZUN-PALLAS-VERLAG • 61200 Wölfersheim-Berstadt

Vorwort

Dieser Waffen-Arsenal-Band, der die Reihe "Deutsche Panzer im Detail" fortsetzt, soll dem interessierten Leser einen kleinen Überblick über die Anlagen und Einrichtungen vermitteln, die es erst ermöglichten, der Panzertruppe der Wehrmacht ihre Beweglichkeit zu geben.

An dieser Stelle möchte ich mich herzlichst bei allen bedanken, die mich bei der Zusammenstellung von Bild- und Textmaterial unterstützt haben. Besonderer Dank gilt meiner Frau Anett für die Übersetzungen ausländischer Texte und Herrn Gert Herr für die Vorlage von Zeichnungen.

Bildnachweis

Autor (88), A.Gryscheck (3), G. Herr (6), H.-J. Janaczeck (2), W. Klotzsche (1), G. Thiede (5)

Literatur- und Quellenverzeichnis

D 603 -   Kraftfahrgerät -Krupp-Traktor-

D 655/31c -   Panther Werkstatthandbuch, Motor

D 656/43 -   Tiger Ausf. B Handbuch für den Panzerfahrer

D 656/50c -   Instandsetzungsanleitung für Panzerwarte, Motor

D 656/51c -   Werkstatthandbuch zum Maybach-Motor HL 230-p30/HL 210-p30

D 656/52 -   Merkheft für Panzer-Schlosser und Panzer-Getriebeschlosser

D 658/76a -   Panzerkampfwagen-Lehre

D 659/52   Merkheft für Panzer-Motorenschlosser für Maybach-Motoren HL 120 und HL 230

Antonow, A.S., Der Panzer, Berlin 1959

Chamberlain, P. / Doyle, H.L., German Tanks of World War Two, London 1993

Dreetz, D., Aus der Zusammenarbeit von Reichswehr und Roter Armee 1930, Potsdam 1990

Guderian, H., Die Panzertruppe und ihr Zusammenwirken mit den anderen Waffen, Berlin 1940

v. Kügelchen, Die Panzertruppen, Dresden 1944

Müsch, A. / Oehler, R., Verbrennungsmotoren für Militärfahrzeuge, Berlin 1988

Petter, E., Die technische Entwicklung der deutschen Kampfwagen im Kriege, Berlin 1932

Spielberger, W.J., Die Motorisierung der deutschen Reichswehr 1920 - 1935, Stuttgart 1979

Spielberger, W.J., Militärfahrzeuge Band 2, 3, 5, 7 und 9, Stuttgart 1990 bis 1997

Treue, W. / Zima, St., Hochleistungsmotoren - Karl Maybach und sein Werk, Düsseldorf 1992

Vollmer, J., Deutsche Kampfwagen, Berlin 1920

© Copyright, 2000
Alle Rechte, auch die des auszugsweisen Nachdrucks, beim PODZUN-PALLAS-VERLAG GmbH,
Kohlhäuserstr. 8
61200 WÖLFERSHEIM-BERSTADT
Tel. 0 60 36 / 94 36 - Fax 0 60 36 / 62 70
Internet: http:/www.podzun-pallas.de
Verantwortlich für den Inhalt ist der Autor.

Das WAFFEN-ARSENAL
Gesamtredaktion: Horst Scheibert

Technische Herstellung:
VDM Heinz Nickel, 66482 Zweibrücken

ISBN: 3 - 79 09-06 95 - 6

Aufwand für Umpanzerung und Laufwerk
auf Motorlänge bezogen

1. Motoren geringerer Abmessungen sparen an Gewicht für Umpanzerung und Laufwerk zu Gunsten größerer Waffe oder besserer Panzerung.

2. Motoren größerer Abmessungen bedingen eine Gewichtserhöhung für Umpanzerung und Laufwerk, was entweder eine Verringerung des Kampfwertes (schwächere Waffe) bzw. dünnere Panzerung zur Folge hat, oder schwerere Fahrzeuge mit wiederum größerer Antriebsleistung erfordert.

3. Größenordnung: Das Gewicht je laufenden Millimeter (l) Umpanzerung mit anteiligem Laufwerk beträgt bei den Kampfwagen je nach Stärke der Panzerung 2 bis 10 kg.

Man stelle sich vor:
2000 bis 10000 kg je laufenden Meter!

Studie der Friedrichshafener Maybach-Motorenbau GmbH über die Abhängigkeit der Größe des zu umpanzernden Triebwerksraumes und der Auslegung des Fahrwerks von den Abmaßen des Motors.

TITELBILD

Feldinstandsetzung eines Panzerkampfwagen V Ausführung G (Sd.Kfz. 171). Um das Schaltgetriebe des "Panthers" zum Wechsel oder zur Reparatur ausbauen zu können, mußte die Deckenpanzerung mit den Ausstiegsluken des Fahrers und des Funkers abgenommen werden. Diese wurde hier an der linken Fahrzeugseite neben der Kette abgelegt.

Vertrieb:
Podzun-Pallas-Verlag GmbH
Kohlhäuserstr. 8
61200 Wölfersheim-Berstadt
Telefon: 0 60 36 / 94 36
Telefax: 0 60 36 / 62 70

Alleinvertrieb
für Österreich:
Pressegroßvertrieb Salzburg
5081 Salzburg-Anif
Niederalm 300
Telefon: 0 62 46 / 37 21

Verkaufspreis für Deutschland: 14,80 DM, Österreich: 108,00 Schilling, Schweiz 14,00 sfr.

Für den österreichischen Buchhandel: Buchhandlung Stöhr GmbH, Lerchenfelder Straße 78-80, A-1080 Wien

Forderungen an Kampfwagenmotoren und Kraftübertragungselemente

Daß sich erst durch die Vereinigung von Beweglichkeit, Panzerschutz und Feuerkraft der Kampfwert eines Panzers bestimmen läßt, war den Konstrukteuren schon vor dem Entstehen der ersten Kampfwagen bewußt. "Im Grunde genommen hindert jedes dieser Elemente das andere. Schnelle Beweglichkeit erfordert leichtes Gewicht, eine dicke Panzerung verlangsamt das Tempo und erschwert das Fortkommen in schwierigem Gelände und eine schwere Kampfwagenkanone nimmt entweder zu viel Raum in Anspruch oder überhöht das Gesamtgewicht" war in einem vom OKH herausgegebenen Leitfaden für die vormilitärische Ausbildung zu lesen.
Bereits 1919 schrieb ein französischer General, unter dem Eindruck des ersten Weltkrieges stehend: "Von den zwei Elementen der Taktik hatte bisher nur eines von der Maschine Nutzen - nämlich das Feuer. Es hatte sogar soviel Nutzen, daß die Bewegung im Gefecht nahezu aufhörte. Das Pferd wurde ganz ausgeschaltet. Der Kämpfer mußte sich eingraben. Er konnte sich nur noch bewegen, wenn alle Feuerwaffen des Gegners ausgeschaltet waren. Nun gibt das Erscheinen des Motors auf dem Schlachtfelde der Bewegung ihre ganze Bedeutung zurück."
Seit der Entwicklung von Kraftanlagen wurde stets versucht einen Kompromiß aus höchster Leistung, geringem Gewicht, kleinsten Abmaßen und sparsamen Verbrauch zu finden. Um die Zugkraft der Antriebsanlage jedoch berechnen zu können, mußten vorher die geforderten Haupteigenschaften des Panzers festgelegt werden. Zu den Grundvorgaben für die Entwicklung zählten das Kampfgewicht, die Stärke der Panzerung, die Art der Bewaffnung, die notwendige Höchstgeschwindigkeit und der äußerste zu überwindende Steigungswinkel. In der Regel wurden diese Hauptforderungen noch ergänzt durch die Vorgabe der zulässigen Mindestzahl an Getriebestufen, die zureichenden Geschwindigkeiten, die höchst zulässigen Ausmaße, den äußersten Winkel der Längs- und Querstandfestigkeit und die notwendige Bodenfreiheit.
Für den Mitte Oktober 1916 durch die Oberste Heeresleitung geforderten Kampfwagen des deutschen Heeres wurden folgende Parameter festgelegt:
1. Feuerkraft: Je ein Schnellfeuergeschütz im Bug und im Heck. Munitionsausstattung für Bugkanone 500 Schuß, für Heckkanone 300 Schuß. Ergänzung der Kanonen durch zwei flankierende MG's. Möglichkeit des gleichzeitigen Feuerns aller Waffen.
2. Beweglichkeit: Volle Geländegängigkeit. Grabenüberschreitfähigkeit 1,5 Meter. Steigfähigkeit im Gelände 10 Pro-

Für den A7V verwendete man zwei wassergekühlte Vierzylinder-Reihenmotoren Daimler Typ 165 - 204 mit je 100-PS-Leistung. Die linke Abbildung zeigt die rechte Seite des linken Motors und auf dem rechten Foto ist die linke Motorenseite zu sehen.

zent und auf der Straße 25 Prozent. Fähigkeit zum Vorwärts- und Rückwärtsfahren. Motorleistung 80 bis 100 PS. Höchstgeschwindigkeit im Gelände 6 km/h und auf der Straße 12 km/h. Nutzlast mindestens 4 Tonnen.
3. Schutz: Ausreichender Panzerschutz bei Infanteriegeschossen und Granatsplittern mittleren Kalibers. Gesamtgewicht der Panzerung entsprechend der Nutzlast.
Unter der Bezeichnung A7V (Abteilung 7 -Verkehr- im Kriegsministerium) begann schließlich am 30. Oktober 1916 die Planung des Kampfwagens. Die Konstruktion des A7V wurde Hauptmann d.R. Oberingenieur Joseph Vollmer übertragen. Er war bereits als Konstrukteur in der Versuchsabteilung der Inspektion Kraftfahrtruppen tätig. Schon bei den ersten Berechnungen mußte er feststellen, daß für einen Kampfwagen mit den vorgegebenen Parametern mindestens 200 PS notwendig wären. Da Motoren dieser Leistung jedoch nicht zur Verfügung standen, baute man schließlich zwei wassergekühlte Vierzylinder-Reihenmotoren Daimler Typ 165 - 204 mit 100-PS-Leistung und 17.000 ccm Hubraum (Bohrung 165 mm / Hub 200 mm) ein. Die beiden parallel eingebauten Motoren erforderten zwei Getriebe, die zweckmäßigerweise in einem Gehäuse untergebracht wurden. Jede Seite der Kette wurden somit separat angetrieben. Mittels der beiden an der Kurbelwelle der Motoren angebrachten Konuskupplungen konnte sowohl ein- und ausgekuppelt als auch gelenkt werden. Jedes Getriebe besaß drei Gänge, mit denen Geschwindigkeiten von 3, 6 oder 12 km/h erreicht werden konnten. Obwohl der A7V, der innerhalb von nur elf Monaten entwickelt worden war und von dem nur 20 Stück gefertigt wurden, zahlreichen technischen Mängeln unterlag, galt er als gelungene Konstruktion. Zu den häufigsten Gründen der Ausfälle zählten: Oft sprangen die Motoren nicht an, bei der Fahrt wurden sie zu heiß, die Getriebe brachen und die Konuskupplungen brannten durch.
Der von Vollmer im September 1917 vorgeschlagene leichte Kampfwagen sollte auf der Basis der in den Depots vorhandenen 1000 stillgelegten PKW-Fahrgestellen und -Motoren gefertigt werden. Seine Geschwindigkeit sollte bei 20 bis 25 km/h liegen, die Grabenüberschreitfähigkeit mindestens 2,50 Meter betragen und eine 6stündige Betriebsdauer ohne Versorgung bei ununterbrochener Vollbelastung des Motors

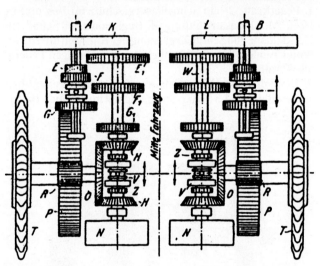

Die parallele Anordnung der beiden Motoren brachte
es mit sich, daß auch das Getriebe eigentlich aus zwei
separaten Antriebsübertragungen bestand, die jedoch
in einem gemeinsamen Gehäuse untergebracht waren.
Jedes der beiden einzelnen Getriebe hatte drei Gänge,
die sowohl vorwärts als auch rückwärts die Geschwindigkeiten von 3, 6 und 12 km/h ermöglichten. Die Len-
kung konnte durch Auskuppeln eines Getriebes oder
durch die Drehzahlveränderung eines der Motoren
erfolgen. Für letzteres hatte der Fahrer ein Lenkrad vor
seinem Sitz.
Unten: Frühjahr 1918, A7V „Wotan" (Wagen Nr. 563,
Kommandant Lt. Goldmann) der 2. Sturm-Panzerkraft-
wagen-Abteilung bei der Rückwärtsfahrt durch ein
französisches Dorf. An der Seitenpanzerung ist das
Auspuffrohr mit den austretenen Auspuffgasen des
rechten Motors erkennbar.

Werkhalle der Daimler-Motoren-Gesellschaft in Berlin-Marienfelde. Im Vordergrund steht der Hauptrahmen eines Sturmpanzerwagen A7V mit Getriebe, Motoren und Kraftstofftanks. Zwischen den Aufhängungen des vorderen und des mittleren Laufrollenwagens ist der Nachschalldämpfer der Auspuffanlage des rechten Motors erkennbar.

Auch bei dem parallel zum A7V konstruierten Sturm-Panzerkraftwagen A7V-U (Entwicklungbeginn März 1917 / Abbruch der Arbeiten am 12. September 1918) wurde das gleiche Prinzip der Kraftübertragung wie beim A7V verwendet. Die beiden Vierzylindermotoren sollen jeweils 150-PS-Leistung erreicht haben.

Auch die britischen Kampfwagen Mark I bis IV verwendeten von
Gottfried Daimler entwickelte Motoren. So kamen die von der William
Foster & Co. in Lizenz gefertigten 6-Zylinder-Ottomotoren Daimler
Typ 125 zum Einbau.
Die auf den Schlachtfeldern erbeuteten britischen Tanks wurden zum
Bayrischen Armee-Kraftwagen-Park 20 nach Charleroi gebracht und
für das deutsche Heer umgebaut. Als Sturm-Panzerkraftwagen (Beute)
kamen sie dann wieder zum Einsatz. Die Bereitstellung von Ersatztei-
len für die Antriebsanlagen soll keine große Schwierigkeit bedeutet
haben, da einerseits genügend Fahrzeuge zum „Ausschlachten"
vorhanden waren und andererseits die Daimler-Motoren-Gesellschaft
problemlos Teile liefern konnte.
Oben: Erbeuteter Mark IV (bewaffnet mit MG's) beim B.A.K.P 20,
davor ein Daimler-Motor mit einer Leistung zwischen 105 und 125 PS.
Rechts: Instandsetzungsarbeiten am eingebauten Motor.

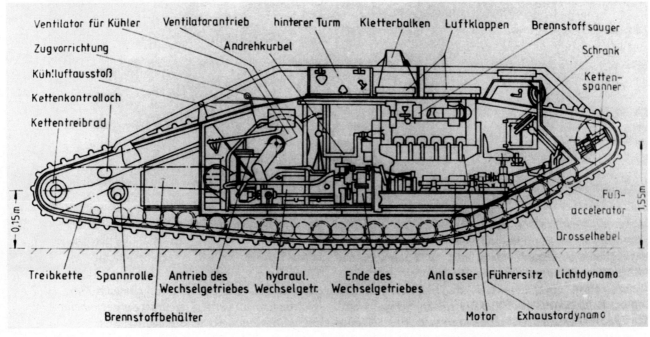

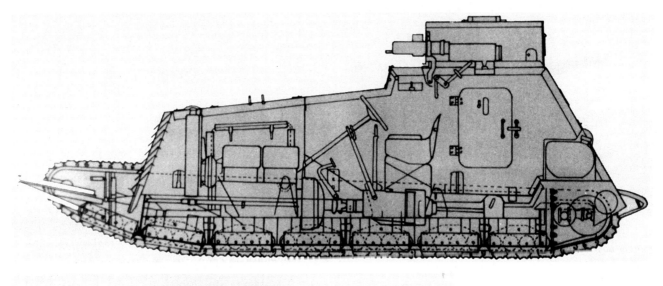

Die leichten Kampfwagen sollten auf den in den Lagern vorhandenen, stillgelegten PKW-Fahrgestellen mit den dazugehörigen Motoren und die Getriebe gebaut werden. Obwohl zunächst die Herstellung von 800 Fahrzeugen bewilligt worden war, wurden nur wenige für Schweden fertiggestellt.

Sowohl beim LK I (oben) als auch beim LK II (Mitte und unten) befanden sich der Motor vorn, das Zusatzgetriebe unter dem Fahrersitz und das Schalt- sowie das Verteilergetriebe im Heck.

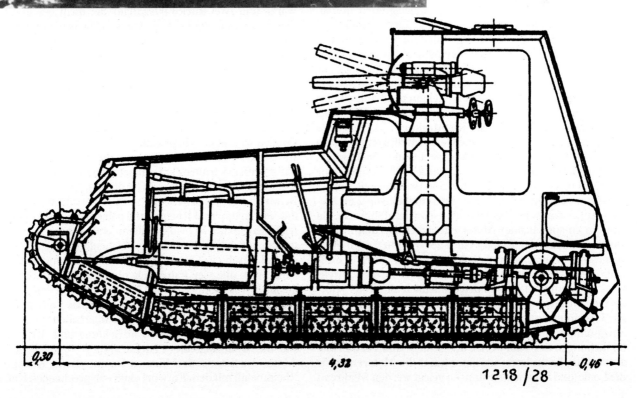

0,30   4,33   0,45

1218 / 28

Nach der Erprobung in Kasan wurden die „Großtraktoren" nach Deutschland zurückgeführt. Der Prototyp von Krupp kam schließlich zum Panzer-Regiment 5 nach Wünsdorf bei Berlin und wurde dort als Denkmal verwendet, Aufnahme aus dem Jahre 1937. Man kann nur hoffen, daß vielleicht in den nächsten Jahren über den weiteren Verbleib dieses Fahrzeuges und der anderen „Traktoren" durch Forschungen in den russischen Archiven Informationen vorliegen werden.

mußte gewährleistet sein. Es sollten ausschließlich Motoren und Getriebe der in der Heimat abgestellten Personenkraftwagen zum Einbau kommen. Zwar wurde die Freigabe zur Fertigung von 800 Stück erteilt, bis zum Kriegsende waren aber nur einige wenige hergestellt worden, die man an Schweden verkaufte. Alle Kampfwagen hatten dann auch die PKW-Motoren mit 40 bis 60 PS und ein Zusatzgetriebe, das die Zugkraft verdoppelte, zwei Kraftstofftanks, die einen Fahrbereich von 60 bis 70 km ermöglichten und eine maximale Geschwindigkeit von 12 bis 14 km/h.

Nach dem Verbot zur Herstellung und Einfuhr von Panzerwagen, Tanks oder ähnlichem Material durch den Artikel 171 des Versailler Vertrags konnten zunächst nur Untersuchungen an Raupenschleppern durchgeführt werden.

Erst im Mai 1925 erteilte die Inspektion für Waffen und Gerät 6 des Reichswehrministeriums (später Heereswaffenamt) den Firmen Daimler, Krupp und Rheinmetall Aufträge zur Entwicklung und Fertigung von zwei Kampfwagentypen. Aus Gründen der Geheimhaltung bekam das Fahrzeug bis 23-t-Gesamtmasse die Bezeichnung "Großtraktor" und das zwischen 10 und 12 t lief als "Kleintraktor". Für das erste Fahrzeug forderte man u.a. eine Geschwindigkeit im ersten Gang von 3 km/h und eine im höchsten Gang von 40 km/h, eine Steigfähigkeit von 45 Grad an kurzen Böschungen, eine Kletterfähigkeit von einem Meter, eine Watfähigkeit von 0,8 Metern und eine Grabenüberschreitfähigkeit von 2,50 Metern. Außerdem sollte das Fahrzeug schwimmfähig sein. Da erst ein entsprechender Motor entwickelt werden mußte, wurde zunächst der Einbau eines 250-PS-Flugzeugmotors vorgesehen. Zunächst war die Fertigung von sechs "Großtraktoren" vorgesehen, von jeder der drei Firmen jeweils zwei. Im Sommer 1929 standen schließlich alle sechs geforderten "Großtraktoren" in seefesten Kisten verpackt bereit zur Überführung zum Erprobungsgelände in Kasan in der Sowjetunion. Dort sollte bei der Erprobung neben den Untersuchungen des Fahrwerks, der Schieß- und Fernmeldeausrüstung besonderes Augenmerk auf die Motoren sowie die Lenk- und Schalteinrichtungen gelegt werden. Während

Krupp und Rheinmetall den vorgeschriebenen BMW-Va-Ottomotor mit 250 PS einbauten, entwickelte die Daimler-Benz AG den 1918 entstandenen Flugzeugmotor F 182-206 weiter und verwendete ihn als Typ D IV, der nun 300 PS hatte.

Im Juli 1929 trafen die sechs "Großtraktoren" in Kasan ein. Der erste Probelauf der Motoren, Getriebe und der Kraftübertragungen erfolgte im aufgebocktem Zustand, wobei die Türme noch nicht aufgesetzt worden waren.

Die praktischen Fahrversuche brachten eine ganze Reihe von Mängel zutage: Durch einen Konstruktionsfehler des Planeten-Wechselgetriebes (mit Untersetzung sechs Vorwärts- und zwei Rückwärtsgänge), der nicht beseitigt werden konnte, sah man sich gezwungen, die beiden Fahrzeuge von Daimler-Benz (Wagen Nr. 41 und 42) stehenzulassen. Die Federband-Kupplungen der Wechselgetriebe (mit Untersetzung sechs Vorwärts- und ein Rückwärtsgang) der Krupp-Fahrzeuge (Wagen 43 und 44) unterlagen großen Verschleißerscheinungen. Außerdem war der Drucklufterzeuger für die Schaltunterstützung und die Lenkhilfe zu gering in seiner Leistung. Daß in den Rheinmetall-"Großtraktoren" (Wagen 45 und 46) eingebaute Stufengetriebe mit acht Vorwärts- und einem Rückwärtsgang war zwar betriebssicher, dafür erwies sich aber das Lenkgetriebe P.I.V. als zu schwach. Während man die beiden "Großtraktoren" von Daimler-Benz nicht überarbeitete und nach 1931 stillegte, wurden in den von Krupp und Rheinmetall gefertigten ZF-Aphon-Getriebe eingebaut. In beiden Rheinmetall-Fahrzeugen ersetzte man außerdem das Differenzial-Lenkgetriebe P.I.V. nach Ausfall durch ein Cletrac-Lenkgetriebe. Bis zur Aussonderung liefen alle vier Fahrzeuge ohne Beanstandungen. Die beiden "Großtraktoren" von Daimler-Benz wurden zunächst zum Werk in Berlin-Marienfelde gebracht und später als Denkmalsstücke der Panzertruppe übergeben.

Parallel zur "Großtraktor"-Entwicklung und -Erprobung war die Schaffung eines "Kleintraktors" vorgesehen. Wiederum wurden die drei Firmen Daimler-Benz, Krupp und Rheinmetall mit dem Entwurf eines entsprechenden Kampf-

Der im "Großtraktor" von Krupp und von Rheinmetall-verwendete Mercedes-Benz-Flugzeugmotor Typ 182 - 206.

Das Wechselgetriebe für den „Großtraktors" war von der Zahnradfabrik Friedrichshafen entwickelt worden und hatte acht oder neun Gänge.

wagens beauftragt. Die geforderte Durchschnittsgeschwindigkeit sollte bei 20 bis 30 km/h (im Gelände 20 km/h) liegen. In sechs Stunden hatte das Fahrzeug 150 km zurückzulegen. Diese Entfernung war auch als Mindestfahrbereich angestrebt. Für die Kletter- und die Watfähigkeit waren 0,6 Meter gefordert. Für die Steigfähigkeit waren 30 Grad vorgeschrieben. Während Daimler-Benz vom Entwicklungsauftrag Abstand nahm, baute Rheinmetall drei Prototypen, die mit 100-PS-Daimler-Lastkraftwagenmotoren ausgerüstet wurden. Sie erreichten eine Höchstgeschwindigkeit von 35 km/h. Für die Kraftübertragung wurde ein Viergang-Wechselgetriebe mit Untersetzungsgetriebe eingebaut. Später wurde einer der Prototypen als Selbstfahrlafette mit 3,7-cm-Tankabwehrkanone L/45 ausgerüstet. Die von Rheinmetall gefertigten Versuchsfahrzeuge bekamen den selben Motor wie die von Krupp. Sowohl beim Krupp- als auch beim Rheinmetall-"Kleintraktor" war der Motor vorn untergebracht. Das Cletrac-Getriebe befand sich im Heck des Fahrzeuges und wurde mittels Kardanwelle angetrieben. Das Cletrac-Getriebe war bei Krupp als Stirnrad- und bei Rheinmetall als Kegelradübersetzung ausgelegt.

Die "Kleintraktoren" wurden bis zum April/Mai 1930 zusammengebaut und ebenfalls nach Kasan überführt. Die von Krupp (Wagen 37 und 38) waren am 19. Mai 1930 in Kasan angekommen und die von Rheinmetall (Wagen 39 und 40) am 04. Juni 1930. Etwa zur selben Zeit wurde festgelegt, daß die "Kleintraktoren" leichte Kampfwagen seien und deshalb als "Leichttraktoren" zu bezeichnen sind.

Als technische Mängel erwiesen sich u.a. die unzureichende Kühlung des Motors und des Lenkgetriebes. Nach der Rückführung aus der Sowjetunion verzichtete man jedoch auf eine Überarbeitung der Fahrzeuge, da kein Interesse an Kampfwagen mit vorn liegendem Motor bestand. Zunächst kamen sie in das Heereszeugamt Spandau und wurden gegen Ende 1933 an die Panzerschießschule Alt-Gaarz/Wustrow in Mecklenburg abgegeben, wo sie noch mehrere Jahre zur Ausbildung genutzt wurden. Dem internationalen Trend folgend zog das Reichswehrministerium 1931/32 den Bau eines mehrtürmigen Kampfwagens in Betracht. Die Entwicklungsarbeiten liefen unter den verschiedensten Tarnbezeichnungen. Obwohl das Fahrzeug heute nur noch als "Neubaufahrzeuge" bekannt ist, nannte man die Kampfwagen auch "Mittlerer Traktor", "Haupttraktor" oder "Großtraktor". Die Firma Krupp AG in Essen schlug für dieses Fahrzeug den Einbau eines 250-PS-luftgekühlten Motors der Nationalen Automobil AG aus Berlin-Oberschöneweide vor. Das mit acht oder neun Gängen ausgerüstete Wechselgetriebe sollte von der Zahnradfabrik Friedrichshafen kommen. Obwohl nach einer Besprechung mit dem Inspekteur der Kraftfahrtruppen General Lutz am 12. Oktober 1932 in Kama angestrebt wurde, möglichst viele Entwicklungsfirmen einzubeziehen, zeigten nur Krupp und Rheinmetall Interesse. Aus Ermangelung eines brauchbaren Panzermotors wurde wie in den "Großtraktoren" der 6-Zylinder-Flugzeugmotor BMW Va eingebaut. Das Anlassen des Motors erfolgte mittels Preßluft oder durch einen Schwungkraftanlasser. Das von ZF gelieferte Wechselgetriebe SFG 280 hatte sechs Vorwärtsgänge und einen Rückwärtsgang. Während Krupp ein Wilson-Lenkgetriebe einbaute, verwendete Rheinmetall eines von Cletrac. Die fahrtechnische Erprobung erfolgte ab 1934 auf dem Schießplatz der Firma Rheinmetall in Unterlüß. Bis 1935 waren jedoch nur fünf "Neubaufahrzeuge" fertiggestellt. Drei Kampfwagen kamen von Krupp, deren Panzergehäuse waren aus Panzerstahl gefertigt worden. Die beiden anderen stellte Rheinmetall her. Ihre Panzerungen waren aus Flußeisen zusammengesetzt. Während die Krupp-Fahrzeuge 1940 in Norwegen zum Einsatz kamen, verblieben die von Rheinmetall zur Ausbildung in Putlos.

"Großtraktoren" auf dem Truppenübungsplatz Munster-Lager im August 1935.

Der „Leichttraktor" von Krupp bei der Erprobung in Kasan Mai/Juni 1930. Etwa zu diesem Zeitpunkt war festgelegt worden, daß die „Kleintraktoren" als leichte Kampfwagen betracht werden sollten und deshalb als „Leichttraktoren" zu bezeichnen waren.

Die Gutehoffnunghütte in Oberhausen-Stekrade baute für die schwedische Tochtergesellschaft AB Landsverk in Landskrona den Räder-Raupen-Kampfwagen M 28. Die ersten drei Versuchsfahrzeuge hatten einen Vierzylinder-Ottomotor von Benz mit 50 PS und ein Wechselgetriebe Typ K 45 mit untersetzbaren zwei Vorwärts- und zwei Rückwärtsgängen von der Zahlradfabrik Friedrichshafen. Die Prototypen 4, 5 und 6 waren mit dem Vierzylinder-Ottomotor NAG D 7 PL (70-PS-Leistung) der Nationalen Automobilgesellschaft-Protos in Berlin-Oberschöneweide ausgerüstet.

Einer der drei „Neubaufahrzeuge" mit Krupp-Turm wurde 1935 in Berlin während der Weltausstellung vorgestellt.
Im April 1940 wurden die „Großtraktoren" mit dem Turm der Firma Krupp AG / Essen per Schiff nach Oslo gebracht. Nach der Präsenz während der Besetzung der norwegischen Hauptstadt, unterstützte ein „Neubaufahrzeug" am 17. April 1940 den Angriff von vier Panzer I und II bei Andalsnes gegen gelandete britische Einheiten.

Einer der beiden „Neubaufahrzeuge" mit „Rheinmetall"-Turm wahrend der Generalüberholung bei der Altmärkischen Kettenfabrik GmbH in Berlin-Tegel.
Da zum Zeitpunkt des Zusammenbaus der Neubaufahrzeuge" noch kein brauchbarer Panzermotor mit der geforderten Leistung von 250 PS konstruiert worden war, verwendete man zunächst den Sechszylinder-Flugzeugmotor BMW Va. Später wurde dieser durch den im Panzerkampfwagen IV verwendeten Maybachmotor HL 108 mit 280 PS ersetzt.
Nach der Erprobung kamen die beiden Fahrzeuge mit dem Turm aus Weichstahl zur Ausbildung nach Putlos.

Die Antriebsanlagen der leichten Panzerkampfwagen der Anfangsjahre

Der zunächst als "Kleintraktor" entwickelte Panzerkampfwagen (M.G.) (Sd.Kfz. 101) Ausführung A geht auf eine Anordnung von 1930 des Chefs des H.W.A. General von Vollard Bockelberg zurück. Ausschlaggebend dafür war nach Walther Nehring, der zu dieser Zeit als Hauptmann die 1. Kompanie der 6. Kraftfahrabteilung in Münster führte, die Erfahrung, daß "die in Verbindung mit dem Unternehmen Kama entwickelten, etwa ab 1928 verfügbaren Kampfwagen-Versuchstypen nicht mehr den militärischen Forderungen technischer und taktischer Art entsprachen". Um zeitraubende Entwicklungsarbeiten zu sparen, wurde vorgeschlagen ein Carden-Lloyd-Fahrgestell in England zu kaufen. Der Krupp AG wurde der Auftrag erteilt den "Kleintraktor" (zu dieser Zeit eigentlich schon als "Leichttraktor" bezeichnet) so zu überarbeiten, daß er als Erkundungsfahrzeug, Waffenträger und Zugmaschine einsetzbar war. Aus Gründen der Gewichtsverteilung bei der Verwendung als Raupenschlepper hielt Krupp zunächst am vornliegenden Einbau des Motors fest. Um das Fahrzeug sehr niedrig halten zu können und der Besatzung die Sicht nicht zu behindern, wurde ein von Krupp konstruierter luftgekühlter 4-Zylinder-Boxermotor mit 60 PS verwendet. Für die Kraftübertragung wurde ein Viergang-Wechselgetriebe genutzt, mit dem mittels eines Zusatzgetriebes eine Höchstgeschwindigkeit von 45 km/h erreicht werden konnte. Nachdem im Sommer 1932 die Versuche mit dem Fahrgestell abgeschlossen waren, begann die Herstellung eines Aufbaus aus Holz, der in der Lage sein sollte eine 2-cm-Waffe aufzunehmen. Obwohl man 1932 und 1933 längere Fahrerprobungen durchführte, wurden konstruktiv keine weiteren Veränderungen vorgenommen. Schon am 18. September 1931 war Krupp bei einer Besprechung im H.W.A. aufgefordert worden analog zu seinem Kampfwagen mit vornliegendem Motor einen zu entwerfen, bei dem der Motor hinten angebracht war. Nur das Getriebe hatte weiterhin vorn zu verbleiben. Die Gesamtmaße gegenüber dem "Krupp-Kleintraktor" sollten keinesfalls

überschritten werden. Mit Hilfe der Sowjetunion traf im Januar 1932 endlich das erste Carden-Lloyd-Fahrgestell in Kummersdorf ein. Am 02. Mai 1932 konnte dann auch ein Panzerwagen von Vickers-Armstrong übernommen werden. Beide Fahrzeuge wurden bis 1933 zahlreichen Erprobungen unterzogen. Die Bauart der Fahrgestelle nutzte man nun auch für den "Krupp-Kleintraktor". Die ersten Fahrversuche erfolgten im August 1932 auf dem Krupp-Schießplatz in Meppen. Bereits zu diesem Zeitpunkt war abzusehen, daß sich der 60-PS-luftgekühlte 4-Zylinder Ottomotor M 305 als zu schwach erweisen würde. Am 22. Dezember 1932 wurden dann auch Entwürfe für einen "Kleintraktor" mit flüssigkeitsgekühltem 80-PS-Motor der Nationalen Automobil AG und 200 mm breiterer Wanne vorgelegt.

Bis zum 30. März 1933 waren schließlich die technischen Parameter formuliert, die bei der Fertigung des "Kleintraktors" einzuhalten waren. So sollte er u.a. folgende Kriterien erfüllen: Höchstgeschwindigkeit von 37,7 km/h, Kletterfähigkeit von 500 mm, Watfähigkeit 600 mm (möglichst 800 mm), Bodenfreiheit 300 mm, Kraftstoffvorrat 140 l, Bremsleistung 54 PS, vor Abnahme mindestens 200 km eingefahren. Am 15. Juli 1933 war das erste Versuchsfahrgestell fertig und zur Fahrerprobung freigegeben. Noch in der Erprobungsphase wurde der erste Fertigungsauftrag über 150 Serienfahrzeuge erteilt. Während einer Besprechung zwischen den Angehörigen der WaPrüf 6 und der Firma Krupp wurde am 01. Juli 1933 erstmals für den "Krupp-Kleintraktor" der Begriff "Landwirtschaftlicher Schlepper" (LaS) verwendet. Um in kürzester Zeit die geforderten 150 Fahrzeuge liefern zu können, wurden nun auch andere Firmen zur Produktion herangezogen. Die zum Nachbau vorgesehenen Firmen Daimler-Benz, Henschel, MAN und Rheinmetall stellten zunächst drei Fahrzeuge her. Krupp verlegte zwischenzeitlich die Fertigung zu den Krupp-Gruson Werken nach Magdeburg und Rheinmetall ließ nach der Auslieferung der drei Vorserienfahrzeuge den LaS bei der Firma

Darstellung des Funktionsprizips der Kraftübertragung vom hinten liegendem Motor zum vorn eingebauten Schaltgetriebe beim Panzerkampfwagen I (M.G.) Ausführung A (Sd.Kfz. 101).

Der luftgekühlte Vierzylinder-Boxermotor M 305 von Krupp:

1 - Ölmeßstab	*2 - Ölsumpf-Ablaßschraube*	*3 - Spaltfilter*
4 - Ölbad-Luftfilter	*5 - Benzinpumpe*	*6 - Zündverteiler*
7 - Zündspule	*8 - Ansaugrohr Kraftstoff-Luft-Gemisch*	*9 - Anlasser-Lichtmaschine*
10 - Ausrückverrichtungswelle	*11 - Kurbelgehäuse*	*12 - Ölleitung zum Zündverteiler*
13 - Ölwanne	*14 - rechter Auspuffkrümmer*	*15 - Ölleitung zum Kipphebel*
16 - Schutzabdeckung	*17 - rechter Zylinderkopf*	*18 - Ventilhebelgehäuse*

Borsig in Berlin-Tegel herstellen, mit der sie sich zusammengeschlossen hatte. Daimler-Benz stellte den LaS in Berlin-Marienfelde her, Henschel fertigte in Kassel und die Maschinenfabrik Augsburg-Nürnberg (MAN) in Nürnberg. Insgesamt wurden von Juli 1934 bis Juni 1936 818 LaS hergestellt, die zunächst als Versuchs-Kfz. 617 liefen und ab 03. April 1936 als Panzerkampfwagen (M.G.) (Sd.Kfz. 101) bezeichnet wurden.

Obwohl schon im Sommer 1932 abzusehen war, daß der Motor zu schwach sein würde, wurde erst im Juli/August 1935 damit begonnen, einen stärkeren einzubauen. Da der vorgesehene 100-PS-Maybachmotor NL 38 mehr Platz beanspruchte, mußte die Wanne entsprechend verlängert und das Fahrwerk geändert werden. Bis November 1938 wurden schließlich 164 Panzerkampfwagen I (M.G.) (Sd.Kfz. 101) Ausführung B von den genannten vier Firmen ausgeliefert.

"Da sich die Fertigung der geplanten Haupttypen (Panzer III und IV - d.A.) länger hinauszögerte, als ursprünglich erhofft wurde, entschloß sich General Lutz zu einer weiteren Zwischenlösung, dem mit einer 2-cm-Maschinenkanone und einem MG bestückten Panzer II..." schrieb Guderian in seinen "Erinnerungen eines Soldaten". Einen entsprechenden Entwicklungsauftrag erhielt dazu im Frühsommer 1934 die Firma MAN, die die Arbeiten unter Bezeichnung "LaS

100" führte. Für den Antrieb des Fahrzeuges war der 6-Zylinder-Ottomotor Maybach HL 52 (Hochleistungsmotor 5,2 Liter Hubraum) und das von ZF entwickelte Wechselgetriebe SSG 45 mit sechs Vorwärtsgängen und einem Rückwärtsgang vorgesehen. Für die Entwicklung des Motors erhielt Maybach vom HWA einen Zuschuß von 60.600,- Reichsmark. Im Frühjahr 1935 wurden den Vertretern des H.W.A. die ersten Prototypen vorgeführt. Danach erfolgte die Auftragserteilung. MAN hatte die Fahrgestelle zu liefern und Daimler-Benz die Aufbauten. Jedoch sollte nun der von Maybach gefertigte "HL 57 TR" - Ottomotor mit 130 PS Verwendung finden. Es wurden aber nur 75 Fahrzeuge dieser als Panzerkampfwagen II (2 cm) (Sd.Kfz. 121) Ausführung a1, a2 bzw. a3 bezeichneten Fahrzeuge gebaut. Im Februar 1937 begann der Einbau des auf 140-PS-leistungsgesteigerten Ottomotors Maybach HL 62. Diese Fahrzeuge galten als Ausführung "b". Ab der Ausführung C verwendete man den Maybach HL 62 TRM und das ZF-Getriebe SSG 46. Bis zur Einstellung der Panzer-II-Fertigung gab es keine wesentlichen Veränderungen im Bereich der Antriebsanlage. Unabhängig davon gab es vom Panzer II eine sogenannte "Schnellkampfwagen"-Ausführung. Die als "D" bzw. "E" bezeichneten Fahrzeuge hatten anstelle des SSG 46 ein Maybach Variorex VG 102128 H mit sieben Vorwärts- und drei Rückwärtsgängen.

Die mit dem 57-PS-Boxermotor Krupp M 305 ausgerüsteten Panzer I waren äußerlich an dem tiefliegenden Leitrad erkennbar. Die beiden Nachschalldämpfer mit den Abgasstutzen der Auspuffanlage waren auf den hinteren Enden der Kettenabdeckungen befestigt.

Mitte: Parade von Panzer I A in Berlin am 25. August 1938 anläßlich des Besuchs des ungarischen Reichsverwesers v. Horthy.

Unten: Das Schaltgetriebe der Zahnradfabrik Friedrichshafen wie es in der Ausführungen A und B des Panzer I verwendet wurden.

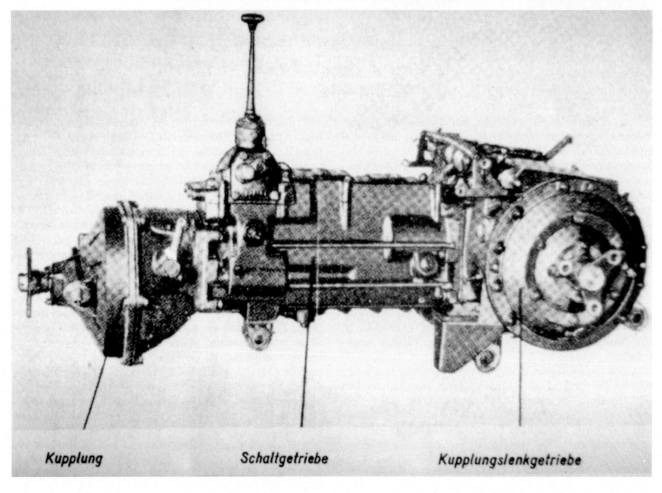

Kupplung   Schaltgetriebe   Kupplungslenkgetriebe

Ab 1934 kam der von Maybach gefertigte Sechszylinder-Reihen-Ottomotor „NL 38 TR" beim Panzerkampfwagen I (M.G.) Ausführung B (Sd.Kfz. 101) zum Einbau. Die dazu notwendige Verlängerung des Fahrgestells brachte neben der zusätzlichen Laufrolle und des obenliegenden Leitrads auch die Verlagerung des Nachschalldämpfers an die Fahrzeugrückwand mit sich.

Unterlegklotz   Motor

Winde

Lüfter   Auspuffrohr   Luftfilter   Kraftstoffbehälter

Die Kraftübertragung im Panzer II: Im Heck des Kampfwagens befand sich der Sechszylinder-Ottomotor HL 62 TR/TRM mit 140-PS-Leistung. Über eine Kardanwelle erfolgte der Kraftfluß zum mechanische Schaltgetriebe SSG 45, ab Ausführung A „SSG 46" (außer D/E), der Zahnradfabrik Friedrichshafen mit 6 Vorwärtsgängen und einem Rückwärtsgang, daß sich im Vorderteil der Wanne befand. Antriebsseitig am Getriebe war die Kupplung angeflanscht. Mitte links: Der Maybach-Motor HL 62 TRM mit dahinterliegendem Gebläse der Kühlanlage und den beiden davor befestigten Kaftstofftank mit Einfüllstutzen. Mitte rechts: Das Schaltgetriebe SSG 46 befand sich unmittelbar neben dem Fahrersitz, ein Prinzip, das für alle Panzerkampfwagen der Wehrmacht typisch ist.

Von der Ausführung b des Panzerkampfwagen II (2 cm) (Sd.Kfz. 121) wurden von Februar bis März 1937 nur 25 Stück hergestellt. Sie hatten als erste Serie den Maybach HL 62 TR. Die Vorläufer waren noch mit dem 100-PS-Motor Maybach HL 57 TR ausgerüstet.

Beim Panzer II war der Nachschalldämpfer am Fahrzeugheck befestigt. Ausführung A oder B im Mai 1940 beim Überschreiten der französischen Grenze. Mit einem Kraftstoffvorrat von 170 Litern (102 l + 68 l) konnte der Panzer II bei einem Verbrauch von 150 Litern auf 100 km eine Entfernung von etwa 115 km zurücklegen.

Oben: Das Maybach-Variorex-Getriebe, angeflanscht an einen Maybach-HL-Motor.

*Mitte: Die als „Schnellkampfwagen"
in den Leichten Divisionen verwendeten
Panzer II D/E hatten das Variorex-
Getriebe VG 102128H mit Saugluft-
Vorwählschaltung und 7 Vorwärts- und 3
Rückwärtsgängen, das direkt an dem
Motor angeflanscht war. Vorn lagen nur
noch die Kardanwelle und das Verteiler-
getriebe.*
*Unten: Zunächst waren die Panzer II D/E
zu Flammpanzern umgebaut worden. Ab
April 1942 wurden die Fahrgestelle dann
zum Bau der „Panzer-Sf. 1 für 7,62-cm-
PJK 36 (r)" genutzt.*

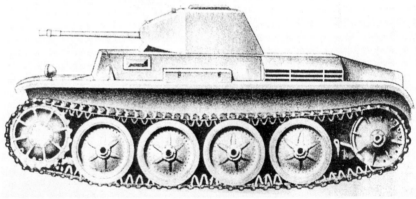

Die Maybach-Motoren HL 108 / 120
und die Getriebe in den Panzern III und IV

Nach den Vorstellungen von Heinz Guderian sollte die Wehrmacht zwei verschiedene Panzertypen in ihrer Truppe haben, einen mit panzerbrechender Waffe und einen als Unterstützungsfahrzeug mit einer Kanone größeren Kalibers. Während mit der ersten Fahrzeugart drei leichte Kompanien in jeder Panzerabteilung ausgestattet werden sollten, war das Unterstützungsfahrzeug für die 4. Kompanie vorgesehen. Zur Tarnung bezeichnete man die Fahrzeuge als Versuchs-Kfz. 619 bzw. "Zugführerwagen" und Versuchs-Kfz. 618 bzw. "Bataillonsführerwagen".

Besonders intensiv wurde bei der Bestimmung der Bauart untersucht, welche Vor- und Nachteile sich durch den Einbau des Motors und des Getriebes im Fahrzeugbug oder im -heck ergeben würden. Die Lage des Antriebsrades im Heck des Kampfwagens hatte gleichviele Vor- und Nachteile. Bei Lage der Antriebsaggregate im Heck ergäbe sich aber ein kurzer Weg für die Kraftübertragung. Dies hätte aber lange Übertragungselemente für die Steuerung zur Folge gehabt. Der Vorteil des Frontantriebs lag vor allem in der Eigenreinigung der Gleisketten vor deren Auftreffen auf das Antriebsrad. Zwar wäre die Lenkübertragung relativ kurz gewesen, aber bei hintenliegendem Motor war die Kraftübertragung wieder verhältnismäßig lang. Nachdem eindeutig die Prioritäten darauf gesetzt waren, den Motor im Heck des Fahrzeuges unterzubringen und das Getriebe mit Steuer- und Lenkeinrichtungen im Bug, erteilte das H.W.A. 1934

MAYBACH
12 Zylinder-Vergaser
Bauart HL 108/120 T

Beschreibung
und Behandlungsvor:

Maybach-Motorenbau G.m.b.H. Friedrichsha

Der 12-Zylinder-Maybachmotor HL 120 TRM aus einem Sturmgeschütz III Ausführung G, daß von der Altmärkischen Kettenfabrik GmbH / Berlin-Borsigwalde 1943/44 an die finnischen Armee geliefert worden war. Das Fahrzeug kam noch bis Ende der 60er Jahre mit taktischen Nr. Ps.531-38 zum Einsatz und wurde 1992 dem Militärhistorischen Museum in Dresden übergeben. Im Zuge der Restaurierungsarbeiten mußte schließlich der stark beschädigte Motor ausgetauscht werden.

Der 12-Zylinder-Maybachmotor HL 120 war 1935/36 entwickelt worden und wurde der Motor der Panzerkampf-wagen III und IV. Durch die Anordnung der Zusatzaggregate direkt an den Motor benötigte man ein relativ kleines Einbauvolumen. Außerdem konnte der Motor durch seine kompakte Bauart im ausgebauten Zustand unkompliziert an entsprechende Prüfstände angeschlossen werden. Die Ölkühlerseite (oben) und die Lichtmaschinenseite (unten) des Maybach HL 120.

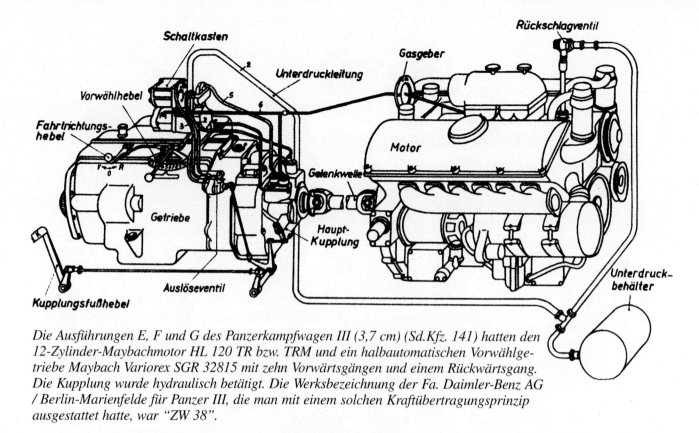

Die Ausführungen E, F und G des Panzerkampfwagen III (3,7 cm) (Sd.Kfz. 141) hatten den 12-Zylinder-Maybachmotor HL 120 TR bzw. TRM und ein halbautomatischen Vorwählgetriebe Maybach Variorex SGR 32815 mit zehn Vorwärtsgängen und einem Rückwärtsgang. Die Kupplung wurde hydraulisch betätigt. Die Werksbezeichnung der Fa. Daimler-Benz AG / Berlin-Marienfelde für Panzer III, die man mit einem solchen Kraftübertragungsprinzip ausgestattet hatte, war "ZW 38".

Entwicklungsaufträge an die Firmen Daimler-Benz in Berlin-Marienfelde, Krupp in Essen, MAN in Nürnberg und Rheinmetall-Borsig in Berlin. Dabei sollte das Fahrzeug mit panzerbrechender Waffe zur 15-t-Klasse und das als Unterstützungfahrzeug geplante zur 18-t-Klasse gehören.

Mit der Entwicklung eines entsprechenden Motors für beide Fahrzeuge wurde die Maybach-Motorenbau GmbH in Friedrichshafen a.B. beauftragt, denn sie hatte in ihrem Bauprogramm einen 12-Zylinder-PKW-Motor Typ DSO 8 mit 200 PS Leistung. Für die schweren Gleiskettenfahrzeuge mußte bis zur Fertigungsreife ein umgebauter Flugzeugmotor von BMW verwendet werden. Die Erprobung des DSO 8 wurde auf Anweisung von Dipl.-Ing. Kniekamp mit einem Zugkraftwagen von Maffei durchgeführt. Am 23. Oktober 1935 erklärte das H.W.A., daß die Absicht bestehe den DSO 8 durch einen Motor zu ersetzen, der 280-PS-Leistung erbringen kann und als HL 100 bezeichnet werden soll. Grundlage für diesen Motor sollte möglichst der NL 38 des Panzerkampfwagen I (M.G.) (Sd.Kfz. 101) Ausf. B sein. Ende Oktober 1935 erklärte Maybach, daß er in der Lage sei, den geforderten Motor zu konstruieren. Bis zu diesem Zeitpunkt soll Maybach für die Entwicklung eines Motors für die ZW- und BW-Fahrzeuge schon 150.000,- Reichsmark erhalten haben.

Schon am 24. Oktober 1935 hatte das H.W.A. gefordert, daß alle Maybach-Motoren, die im Auftrag des H.W.A. entwickelt oder weiterentwickelt wurden bzw. werden, von anderen Firmen nachgebaut werden können. Maybach stimmte unter der Voraussetzung zu, daß alle Zugkraft- und Panzerkampfwagen mit Maybach-Motoren ausgerüstet werden. Der Forderung entsprechend wurde der HL 100 aus gleichen Teilen wie der NL 38 gefertigt. Zwischenzeitlich hatte man an die Firma Maybach die Anfrage gerichtet, ob durch Aufbohren des Hubraums die Leistung erhöht werden könnte. Maybach gab an, daß dies bis 12 Liter möglich wäre. Das H.W.A. bestellte daraufhin zwei solcher Motoren, die als HL 120 bezeichnet wurden.

Während die Panzer III bis zur Ausführung D (bis Juni 1938) und die Panzer IV der Ausführung A (Oktober 1937 bis März

1938) den Maybach HL 108 hatten, der Panzer III E (Dezember 1938 bis Oktober 1939) und der Panzer IV B (April bis September 1938) mit dem HL 120 TR (TR = Trockensumpf-Schmierung) ausgerüstet war, bekamen alle später gebauten Panzer III und IV den Maybach HL 120 TRM mit der sogenannten "Schnapper-Zündung".

Mit der Entwicklung und Fertigung der Getriebe wurde die ebenfalls in Friedrichshafen ansässige Zahnradfabrik beauftragt. So entstand für den als Panzerkampfwagen III (3,7 cm) Ausführung A (Sd.Kfz. 141) eingeführten "ZW" und für den als Panzerkampfwagen IV (7,5 cm) Ausführung A (Sd.Kfz. 161) übernommenen "BW" das Wechselgetriebe SFG 75.

Aber auch Maybach entwickelte ein Schaltregelgetriebe, das unter der Bezeichnung Maybach SRG 328145 in den Ausführungen E, F und G des Panzer III zum Einbau kam. Die einzelnen Gänge wurden vorgewählt, die Schaltung selbst wurde durch eine Unterdruckanlage ausgeführt, sobald durch die Betätigung des Kupplungspedals ein Ventil geöffnet wurde. An das Schaltgetriebe war der Kegeltrieb der Lenkgetriebe angeflanscht. Von den Lenkgetrieben erfolgte der Kraftfluß über zwei Gelenkwellen auf die beiden Lenkbremsen und Seitenvorgelege. Die Kraftübertragung beim Lenken erfolgte hydraulisch. Schon die Ausführung D des Panzer III, von dem von Januar bis Juni 1938 30 Stück gefertigt worden waren, hatte das ZF-Getriebe SSG 76, das auch bei den Ausführungen B bis G des Panzer IV verwendet wurde.

Im Oktober 1940 erhielten die ersten H-Ausführungen das ZF-Getriebe SSG 77, das nun in alle bis August 1943 gefertigten Panzer-III-Fahrgestelle und ab der Ausführung H im April 1943 bis Kriegsende auch in die Panzer IV eingebaut wurde. Beim 6-Gang-Aphongetriebe SSG 77 mit Gleichlaufeinrichtung waren die Zahnräder des ersten bis sechsten Ganges schräg angeordnet und dauernd im Eingriff. Die ersten Getriebe hatten als Sperre für den Rückwärtsgang einen Knopf mit Drahtzug. Später wurde dieser durch einen Handhebel gesichert.

Montagehalle der Daimler-Benz AG in Berlin-Spandau. Neben den Panzern stehen HL108/120-Motoren zum Einbau bereit. Im Zuge der laufenden Hauptinstansetzung sollen die „Neubaufahrzeuge" auf den Maybachmotor HL 108 umgebaut worden sein.
Unten: „Neubaufahrzeug" mit Krupp-Turm und übereinanderliegenden 7,5-cm- und 3,7-cm-Kampfwagenkanonen.

Bis 1940 war die Motorraumabdeckung beim Panzer III eine gleichmäßige Fläche mit mehreren Luken. Links und rechts auf der hinteren Kettenabdeckung befanden sich die mit Gittern abgedeckten Kühllufteintritts- und -austritts-öffnungen. Der Nachschalldämpfer war an der unteren Wannenrückseite angebracht. Oben: Festgefahrener Panzer III E. Unten: Abgeschossenener Panzer III J - die hinteren Motorenluken und die Abdeckung zum Ansetzen der Handkurbel am Heck sind geöffnet. Die alte Heckplatten-Bauart, die bis zur Ausführung G verwendet wurde, läßt darauf schließen, daß das Fahrzeug erst später auf die 5-cm-Kpfwg.K. L/42 umgerüstet worden ist.

Schon Mitte 1940 erhielten die ersten Panzer III der Ausführung G eine Heckplatte bei der zusätzliche Luftzufuhröffnungen vorhanden waren. Diese waren mit einer gepanzerten Abdeckung versehen. Unten: Panzer III in Nordafrika 1941. Oben: Bodenfund einer Heckplatte der ab Mitte 1940 gefertigten Ausführungen.

Leistung	300 (320) PS bei 2800 U/min.
Brennstoffverbrauch . . .	235—255 g/PS Std.
Arbeitsweise	viertakt
Mittlere Kolbengeschwindigkeit .	10,7 m/sec.
Maximale Drehmoment . . .	79 (82) mkg
Bohrung und Hub . . .	100 Ø x 115 (105 Ø x 115)
Zylinderzahl	12
Zylinderinhalt	1080 (1190)
Verdichtungsverhältnis . . .	1 : 7
Gewicht	920 kg
Gehäuse	Grauguß mit auswechselbaren nassen Laufbüchsen
Zylinderköpfe	Grauguß abnehmbar
Ventilanordnung	je 1 Auslaß- und Einlaßventil schräg hängend im Zylinderkopf durch Schwinghebel direkt von der Nockenwelle betätigt
Nockenwellenanordnung . .	je eine Nockenwelle im Zylinderkopf, 7fach in Gleitlagern gelagert
Nockenwellenantrieb . . .	schräg verzahnte Stirnräder von der Schwungradseite aus
Kurbelwellenlagerung . . .	7 Rollenlager
Pleuelstange	doppel-T-förmiger Querschnitt, gesenkgeschmiedet, mit auswechselbaren Lagerschalen
Aufhängung des Motors . .	Dreipunktaufhängung in Gummi
Schmierung	Druckschmierung durch Zahnradpumpe
Ölreinigung	metallischer Spaltfilter in der Hauptölleitung ohne Ausbau durch Drehen am Handgriff zu reinigen
Zündung	2 Magnete
Zündverstellung	automatisch
Zündkerze	14 mm Gewindedurchmesser, handelsübliche Fabrikate
Anlasser	4/24 PS
Vergaser	2 Solex-Fallstromvergaser IFF 2
Kraftstoffilter	an den Förderpumpen
Luftfilter	von Einbaufirma zu liefern
Kühlung	durch Zentrifugalpumpe
Ölinhalt	ca. 25 Liter
Drehzahlbegrenzung . . .	die Verwendung eines Drehzahlmessers mit besonders großem Zifferblatt wird empfohlen (wird von uns geliefert)

Motorenwechsel bei einem Sturmgeschütz III G der Sturmgeschütz-Brigade 259.
Der Motor der Panzer-III-Fahrgestelle konnte auch mit einer Kurbel angelassen werden, die durch eine Luke am Heck der Panzerwanne gesteckt werden mußte.

Ab Oktober 1942 lief der Panzerkampfwagen III (5 cm L/60) Ausführung M (Sd.Kfz. 141/1) vom Band. Der Nachschalldämpfer der Auspuffanlage war nun an die Oberkante der Wannenrückseite verlegt worden. Dadurch konnte die Watfähigkeit auf 1,30 m vergrößert werden.
Nach einem Auskunftsbericht soll aber das wiederholte Entzünden der Steppe durch den Funkenflug der Abgase die Ursache für die Forderung der Verlegung des Auspuffes nach oben gewesen sein.
Panzer III M der 24. Panzer-Division, Frühjahr 1943 in Rußland.

Feldmäßige Instandsetzung eines HL120-Motors.
Mit einfachen Mitteln fertigten sich die Motorenschlossen und die Panzerwarte Vorrichtungen zum Abstellen der ausgebauten Motoren und zur Durchführung von Probeläufen.

Um die Antriebsanlage des Panzer III instandsetzen zu können, konnte neben dem Turm und der Heckplatte auch das Panzerkasten-Oberteil abgenommen werden.
Ausführung L des Panzer III und Zugkraftwagen 18 t Famo F 3 (SdKfz. 9/1) mit Drehkran 6 t im Winter 1942/43.

Panzerkampfwagen IV (7,5 cm) Ausführung B oder C (Sd.Kfz. 161) während einer Angriffsübung. Deutlich ist die Anbringung des Nachschalldämpfers der Auspuffanlage erkennbar.

Instandsetzung von Panzermotoren der Bauart Maybach HL 120 TR/TRM bei einer Einheit des Afrika-Korps. Behelfsmäßig war eine Kühlanlage für den Probebetrieb der Motoren gefertigt worden.

Panzerkampfwagen VI Ausf. E (Sd.Kfz. 181) und Panzerkampfwagen IV (7,5 cm) Ausf. G (Sd.Kfz. 161/2) der schweren Panzer-Abteilung 502 in Rußland. Neben den zahlreichen Treffern an der Rückseite der Wanne und des Turms, erhielt der Panzer IV auch einen unmittelbar an der Halterung des Nachschalldämpfers.

Vergleich zwischen der üblichen Anbringung der Auspuffanlage bei den Panzer-IV-Ausführung A bis H (hier Ausf. F1) und der Abschluß-Ausführung J, bei der aus Rohstoffmangel und Fertigungsvereinfachung nur noch zwei nach oben gerichtete Auspuffrohre angebaut wurden.

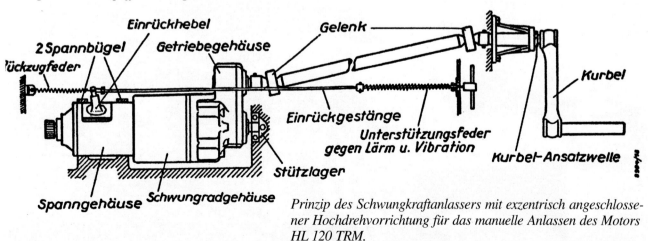

Prinzip des Schwungkraftanlassers mit exzentrisch angeschlossener Hochdrehvorrichtung für das manuelle Anlassen des Motors HL 120 TRM.

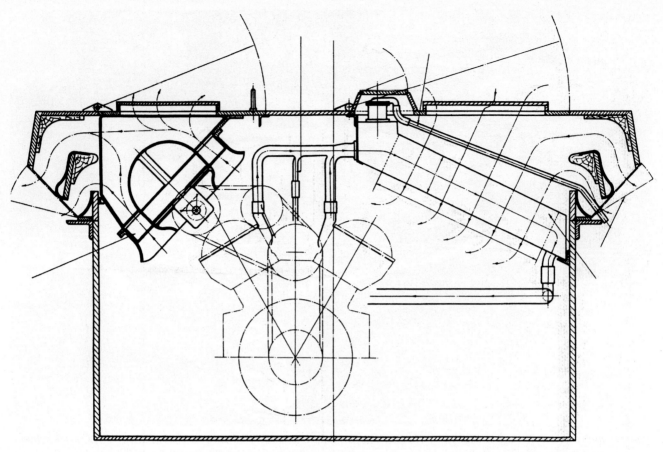

Schematische Darstellung des Prinzips der Luftzirkulation für die Kühlung des Motors beim Panzer IV.

Feldinstandsetzung der Antriebsanlage und des Laufwerks eines Panzerkampfwagen IV (7,5 cm) Ausführung H (Sd.Kfz. 161/2) in Nordfrankreich 1944. Auf der rechten Triebwerksraumseite war das über Keilriemen angetriebene Abluftgebläse abgelegt worden.

Zugkraftwagen 18 t Famo F3 (Sd.Kfz. 9/1) mit Drehkran 6 t und zwei Panzer-IV-Motoren bei einer der Werkstatt-Kompanien des Panzer-Regiment 24 der 24. Panzer-Division am 12. Juni 1944 in Rumänien. Zu diesem Zeitpunkt war das Regiment mit Panzerkampfwagen IV (7,5 cm) Ausführung H (Sd.Kfz. 161/2) ausgerüstet.

Grundsätzlich unterschieden sich die HL108TUKRM-Motoren mit einer Leistung von 270 PS der Zugkraftwagen 18 t Famo F2 und F3 von den HL120-Motoren der Panzer III und IV nur durch die Anbringung der Zusatzteile wie z.B. der Lichtmaschine, des Kompressors für die Bremsanlage, der Kraftstoff-Filter und des Ölkühlers.

L86/15954

29

Benzinmotoren mit großer Leistung und Schaltgetriebe für "Panther" und "Tiger"

Am 24. Oktober 1935 erteilte die WaPrüf 6 der Firma Maybach-Motorenbau GmbH in Friedrichshafen den Auftrag zur Entwicklung eines Motor mit 600 bis 700 PS. In erster Linie sollte dabei untersucht werden, inwieweit durch Leistungsvergrößerung das Gewicht und die Abmaße beeinflußt werden. Maybach kam zu der Schlußfolgerung, daß 600 PS die Obergrenze für einen 12-Zylindermotor seien. Sollte eine noch größere Leistung gefordert werden, müßte der Motor 16 Zylinder haben. Der von ihm vorgeschlagene 16-Zylinder-Motor wurde durch seine Verlängerung um 500 mm gegenüber dem mit zwölf Zylindern zunächst abgelehnt. Seitens des Waprüf 6 wurde angeregt, durch konstruktive Veränderungen die Leistung des Zwölfzylinders doch noch weiter zu erhöhen, da man sich sicher war, daß später ein 700-PS-Motor gebraucht werden würde. Am 10. Dezember 1936 erklärte sich das WaPrüf 6 dann doch noch mit der Entwicklung eines 16-Zylinder-Motors einverstanden. Als Entwicklungskosten wurden 250.000 bis 300.000,- Reichsmark veranschlagt.

Der Ende 1935 fertigkonstruierte 12-Zylindermotor mit 600 PS Leistung war für den Einbau in den Panzer der 30-t-Klasse vorgesehen, der als VK 3001 entwickelt werden sollte.

Der Auftrag zur Schaffung eines Panzers dieser Größenordnung, der als "Durchbruchswagen" (DW) eingesetzt werden sollte, wurde Ende Januar 1937 an die Firma Henschel in Kassel erteilt. Zu diesem Zeitpunkt schlug Henschel aber noch den Einbau des HL 120 - Motor mit 280 PS Leistung und das Maybach Variorex-Getriebe vor.

Am 02. April 1937 forderte das WaPrüf 6 einen Nachfolgetyp "DW-2". Der entsprechende Entwicklungsauftrag wurde aber erst am 09. September 1938 erteilt. Gegenüber dem DW-1 hatte der DW-2 u.a. ein Dreiradien-Lenkgetriebe mit Magnetkupplungen. Da sich das Lenkgetriebe des Panzer III im Gelände nicht bewährte, wurde nur die erste Cletrac-Stufe verwendet, die über die Lenkhebel mechanisch betätigt wurden. Der Antrieb auf die Ketten erfolgte nun mit einfacher Stirnrad-Untersetzung über ein Planetengetriebe. Das weiterentwickelte Fahrzeug hieß VK 3001(H). Aber auch für diese Ausführung griff man nicht auf den 600-PS-Motor zurück, sondern schlug zunächst den 300-PS-starken HL 116 vor. Auch blieb man beim Maybach-Variorex-Getriebe. Insgesamt wurden drei Versuchsfahrzeuge fertiggestellt. Acht weitere VK 3001 (H) waren eingeplant. Einer der VK 3001 (H) wurde zu Versuchszwecken auch mit dem Maybach-OLVAR-Getriebe 401216 ausgerüstet. Bei der Firma Porsche entstand inzwischen die VK 3001 (P), der mit zwei nebeneinanderliegenden Porschemotoren Typ 100 mit je 210 PS ausgerüstet war, die zwei Generatoren antrieben, die wiederum die Elektromotoren des Fahrwerks mit Strom versorgen sollten. Beide fertiggestellten Versuchstypen hatten jedoch stets Probleme mit dem Antrieb. Vor allem mit den Motoren hatte man ständig Schwierigkeiten. Als Ersatz wurde schließlich ein luftgekühlter V10-Dieselmotor Typ 200 vorgeschlagen, der jedoch nie gebaut wurde.

Am 01. September 1939 erhielt Henschel den Auftrag zur Entwicklung eines Panzerkampfwagen VII (VK 6501), der der "stärkste Panzer" sein sollte. Bei Henschel lief er als "SW". Durch seine Größe, die einen Eisenbahntransport unmöglich machte, war die Zerlegung in drei Lasten vorgesehen. Als Antrieb sollte der von Maybach konstruierte 600-PS-Motor in der Ausführung HL 224 dienen. Zu einer Fertigstellung des Fahrzeuges kam es jedoch nicht und die vorhandenen Teile wurden verschrottet.

Endmontagestrecke für das im Panzerkampfwagen V „Panther" (Sd.Kfz. 171) verwendete Schaltgetriebe AK 7-200 der Zahnradfabrik Friedrichshafen.

Die linke Seite des für den „Panther" gefertigten Schaltgetriebes AK 7-200 von ZF mit sieben Vorwärtsgängen und einem Rückwärtsgang und den daran befestigten Einradien-Lenkgetriebe der Maschinenfabrik Augsburg-Nürnberg, die dieses ab Februar/ März 1943 fertigte.

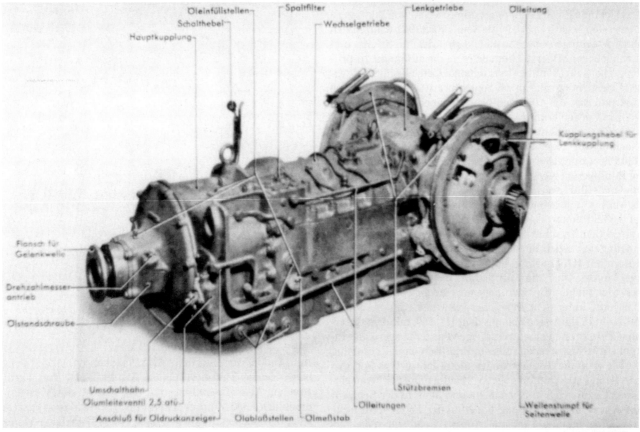

Öleinfüllstellen — Spaltfilter — Lenkgetriebe — Ölleitung

Schalthebel — Wechselgetriebe

Hauptkupplung

Kupplungshebel für Lenkkupplung

Flansch für Gelenkwelle

Drehzahlmesserantrieb

Ölstandschraube

Umschalthahn
Ölumleiteventil 2,5 atü

Anschluß für Öldruckanzeiger — Ölablaßstellen — Ölmeßstab

Stützbremsen

Ölleitungen

Wellenstumpf für Seitenwelle

Auf einem Schrottplatz in Frankreich im Sommer 1992 - eines der wenigen erhaltengebliebenen „Panther"-Schalt-Lenkgetriebe.

Dafür war inzwischen bei Porsche der VK 4501 (P) entstanden und mit dem Turm von Krupp ausgerüstet worden. Da auch bei diesem Porschetyp 101 (auch Sonderfahrzeug II) die Probleme wie beim VK 3001 (P) auftraten, erhielt Henschel den Auftrag für seinen seit dem 26. Mai 1941 entwickelten VK 3601 den Turm des Porschetyp 101 zu verwenden. Da das Fahrgestell geändert werden mußte, entstand nun ein 45-t-Fahrzeug, das als VK 4501 (H) bezeichnet wurde. In die ersten 250 Fahrzeuge, offiziell als Panzerkampfwagen VI "Tiger" eingeführt, verwendete man den Maybach HL 210 P30 mit 600 bis 650 PS. Die nachfolgenden "Tiger" erhielten dann den HL 230 P45 mit 650 bis 700 PS Leistung. Vom Motor aus ging der Antrieb über ein Verteilergetriebe mit Gelenkwelle zum Wechselgetriebe. Das halbautomatische Maybach-OLVAR-Getriebe 401216 hatte acht Vorwärts- und vier Rückwärtsgänge. Die Vorwählschaltung erfolgte prinzipiell wie beim Maybach-Variorex, wurde jedoch mittels Öldruck geschaltet. Nachdem die Erprobung abgeschlossen werden konnte und der "Tiger" auch im Gelände die Erwartungen erfüllte, wurde die Aufstellung der ersten Kompanie bis zum 26. August 1942 gefordert. Der erste Einsatz der "Tiger" erfolgte am 29. August 1942 bei Leningrad. Da das Gelände für die Fahrzeuge unpassierbar war, kam es zu den ersten Verlusten. Ab Mitte September 1942 häuften sich auch Meldungen über Ausfälle durch defekte Schalt- und Lenkgetriebe. Oberst Thomale regte daraufhin an zu prüfen, ob das im "Panther" verwendete Getriebe für den "Tiger" brauchbar sei. Am 21. September 1942 teilte Henschel mit, daß das ZF-Allklauen-Getriebe auch im "Tiger" eingebaut werden könnte.

Über die Truppenbrauchbarkeit des "Tigers" und seines Nachfolgers "Tiger" II, der wie der "Panther" mit dem HL 230 P30 ausgerüstet war, sind bis zum heutigen Tage zahllose Publikationen erschienen, so daß hier nur der Grundtenor angeführt werden soll. Insgesamt waren sie zwar gut bewaffnet und gepanzert, aber mit fast 57 Tonnen (Tiger) und 68,5 Tonnen (Tiger II) waren die 600- bis 700-PS-Motoren großem Verschleiß ausgesetzt und fielen oft wegen Überhitzung aus. Auch der Kraftstoffverbrauch von fast 1.000 Litern auf 100 km stand in keinem Verhältnis zur Leistung des Motors. Über die Entwicklung des HL 230 wurde seitens der Firma Maybach folgendes geschrieben: "Der HL 230 hatte unter dem Druck der schweren Kämpfe an der Ostfront in kürzester Zeit aus dem HL 210, mit dem die ersten 250 ganz neuen schweren Tiger-Panzer ausgerüstet waren, entwickelt werden müssen. Praktisch ohne Erprobung wurde er in die übrigen Wagen dieses Panzertyps und den mittleren Panzerkampfwagen V "Panther" an der Front eingesetzt - zunächst in Nordafrika und dann in der Schlacht bei Kursk. Die Erprobung findet an der Front statt, hatte der Befehl des OKH gelautet. Entsprechend waren die Versuchsergebnisse. Die erforderlichen Verbesserungen an den Motoren machten beim Maybach-Motorenbau zeitweise einen besonders umfangreichen Einsatz in diesem Bereich nötig. Das schuf natürlich auch Ersatzteil-Probleme."

Wenn auch der Auftrag für den als Antwort auf den T-34 zu schaffenden Panzerkampfwagen erst am 25. November 1941 erteilt wurde, war schon Mitte 1935 die Entwicklung eines 30-t-Panzer als Notwendigkeit angesehen und die Fertigung eines 600- bis 700-PS-Motors gefordert worden. Als Maybach nun im Juni 1941 den Auftrag zur Herstellung eines 12-Zylinder-Motors mit 650 bis 700 PS erhielt, lagen ausreichende Erfahrungen vor um innerhalb von acht Monaten den HL 210 zu entwickeln und die ersten Versuchsmuster an Henschel und MAN zu liefern. Von dem ab 1943 hergestellten Typ HL 230 wurden schließlich jeden Monat bis zu 1.000 Stück gefertigt. Bis Kriegsende bauten die Maybach-Motoren GmbH und die Lizenznehmer Nordbau/Berlin,

Feldmäßiges Wechseln des Schalt-Lenkgetriebes bei einem „Panther" der Ausführung G.

Auto-Union/Werk Siegmar, MBA/Nordhausen, MAN/Nürnberg, Krauss-Maffei/München, Saurer/Wien, Borgward/Bremen, Adler/Frankfurt a.M. und Auto-Union/Zwickau monatlich 7.550 Motoren und für fast 1.500 Motoren Ersatzteile. Bis Kriegsende wurden über 140.000 Maybach-Motoren und über 30.000 halbautomatische Schaltgetriebe ausgeliefert. Außerdem zeichnete sich die Maybach-Motoren GmbH für die gesamte Ausrüstung, einschließlich der Motortrennwände, der Kühlanlagen, der Luftfilter und das Startverhalten bei extremen Temperaturen verantwortlich. Über den Produktionsumfang hieß es am 25. Mai 1943: "Der derzeitig außerordentlich hohe Auftragsbestand von rund 230 Millionen Reichsmark ist auf den überwiegenden Anteil an schweren Panzermotoren zurückzuführen..." Allein für das Jahr 1943 hatte Maybach einen Auftragsumfang von 3.579 Motoren des Typs HL 120 und 4.346 des Typ HL 210/230. Im Jahr 1944 wurde die Anzahl der ausgelieferten HL 120- Motoren mit 3.635 Stück und der HL 210/230 mit 2.973 Stück angegeben. Dazu kamen noch weitere 6.318 Motoren anderen Typs. Noch im April 1945 konnte Maybach über 2.000 Ottomotoren ausliefern, ein Großteil davon sollen HL 230 gewesen sein.

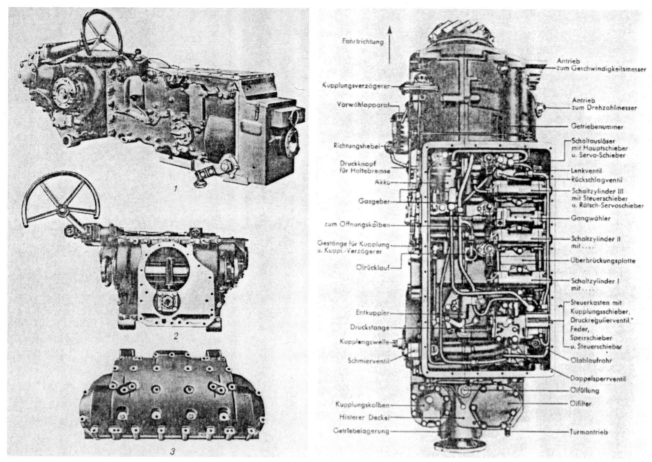

Das Maybach „OLVAR"-Schaltgetriebe OG 401216A mit acht Vorwärtgängen und einem Rückwärtsgang des Panzerkampfwagen VI „Tiger" (Sd.Kfz. 181).

Der Schalthebel für das halbautomatische Vorwählgetriebe befand sich rechts des Lenkers, unmittelbar unter dem Drehzahlmesser.

Im „Tiger" II wurde das halbautomatische Vorwählgetriebe OLVAR B 401216 von Maybach eingebaut und hatte acht Vorwärts- und vier Rückwärtsgänge. Die Mehrscheiben der Kupplung liefen in Öl. Das Zweiradien-Lenkgetriebe L 801 war von Henschel konstruiert worden. Der kleinste Wendekreis-Durchmesser im ersten Gang betrug 4,80 m und der größte im achten Gang 228 m.

Das „Tiger" II - Schaltgetriebe mit Zweiradien-Lenkgetriebe (oben Fahrerseite / unten Funkerseite) nach 47 Jahren Lagerung im Freien. Erstaunlich viele Einzelteile sind trotz der Witterungseinflüsse erhalten geblieben.

Ursprünglich war der Prototyp V.K. 3601 (H) mit dem 550-PS-Benzinmotor Maybach HL 174 ausgerüstet. Nachdem festgestellt werden mußte, daß sich das Fahrgestell nicht für die Aufnahme eines Krupp-Turms mit 8,8-cm-Kampfwagenkanone eignete, wurde im September 1942 festgelegt vier Fahrgestelle zum Abschleppen schwerer Panzer umzubauen. Neben der Ausrüstung mit einer 40-t-Seilwinde von FAMO-Ursus kam nun auch der für den „Tiger" entwickelte HL210-Motor zum Einsatz.

Fertigung von HL210 - Motoren in Friedrichshafen. Gegenüber dem Nachfolge-Modell HL 230 war er äußerlich vor allem an der Verwendung von drei Luftfilter über den Zylinderköpfen erkennbar. Der wesentliche Unterschied aber war die Vergrößerung des Hubraums von 21353 ccm auf 23095 ccm, wie es schon aus der Bezeichnung HL 210 bzw. HL 230 ersichtlich ist. Ursache für die Hubraum-Vergrößerung war die Forderung zur Steigerung der Leistung von 650 PS auf 700 PS.

Der Prototyp V.K. 4501 (H) und die ersten 250 Panzerkampfwagen VI „Tiger" (Sd.Kfz. 181) waren mit dem Maybach HL 210 P 45 ausgerüstet. Die danach gefertigten „Tiger" erhielten schließlich den HL 230 P 45. V.K. 4501 (H) während der Erprobung im Frühjahr 1942 im Beisein des Reichsminister für Bewaffnung und Munition Albert Speer. Deutlich erkennbar ist die vorgesehene Auslegung der Auspufftöpfe mit der gepanzerten Verkleidung.

Einbau des Zwölfzylinder-Ottomotors HL 230 P 45 von Maybach in den „Tiger" beim Takt 8 der Fertigungsstrecke im Henschelwerk Kassel.

Einweisung einer Gruppe von Panzerwarten zu dem Funktionsprinzip der in den Panzerkampfwagen verwendeten Solex-Fallstromvergaser.

Ein „Tiger" von oben gesehen - unmittelbar hinter dem Turm befanden sich die beiden großen, mit Gittern abgedeckten Öffnungen zum Ansaugen der Kühlluft für den Motor, die durch die rechteckigen Öffnungen am hinteren Ende der Motorraumabdeckung wieder ausgestoßen wurde. Unter den hinteren Öffnungen befanden sich die Abluftgebläse. Links und rechts am Heck der Panzerwanne waren die „Feifel"-Ölbad-Behälter zur Vorreinigung der Ansaugluft für den Motor befestigt. Die Luft für den Motor wurde in der Mitte der Heckplatte angesaugt, gelangte über flexible Schläuche zu den „Feifel"-Luftreinigern und wurden wieder mittels flexibler Schläuche zur Mitte zurückgeführt, um dort vom Motor angesaugt zu werden.

Die „Feifel"-Luftreiniger sollen sehr effektiv gewesen sein, wurden aber erst Mitte 1943 eingeführt. Ältere „Tiger" rüstete man später auch mit diesem Luftreinigungssystem aus.

Motorinstandsetzung bei einem „Tiger" mit der taktischen Nummer 141 der schweren Panzer-Abteilung 501 in Nordafrika. Neben dem Panzer waren die beiden „Feifel"-Luftreiniger und die flexiblen Schläuche sowie die Verkleidung der Auspufftöpfe abgelegt worden. Ein erbeuteter LKW 0,75 t (4x4) „Dogde" T214-WC52 diente den Panzerwarten als Transportfahrzeug für Teile der Werkzeugausrüstung.

Der Zwölfzylinder-Maybachmotor HL210P45 aus dem „Tiger" Nr. 141 war instandgesetzt worden und soll nun wieder eingebaut werden.

Reparaturarbeiten am „Tiger"-Motor. Die Luftfilter waren abgenommen worden, dadurch sind die vier Solex-Fallstromvergaser sichtbar geworden.

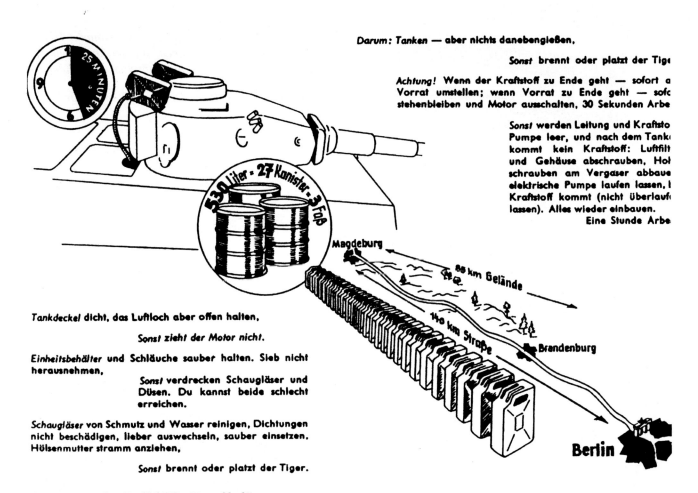

Darum: Tanken — aber nichts danebengießen,

Sonst brennt oder platzt der Tige...

Achtung! Wenn der Kraftstoff zu Ende geht — sofort a...
Vorrat umstellen; wenn Vorrat zu Ende geht — sofc...
stehenbleiben und Motor ausschalten, 30 Sekunden Arbe...

Sonst werden Leitung und Kraftsto...
Pumpe leer, und nach dem Tank...
kommt kein Kraftstoff: Luftfilt...
und Gehäuse abschrauben, Ho...
schrauben am Vergaser abbaue...
elektrische Pumpe laufen lassen, t...
Kraftstoff kommt (nicht überlauf...
lassen). Alles wieder einbauen.
Eine Stunde Arbe...

530 Liter = 27 Kanister = 3 Faß

Magdeburg

89 km Gelände

140 km Straße

Brandenburg

Berlin

Tankdeckel dicht, das Luftloch aber offen halten,

Sonst zieht der Motor nicht.

Einheitsbehälter und Schläuche sauber halten. Sieb nicht herausnehmen,

Sonst verdrecken Schaugläser und Düsen. Du kannst beide schlecht erreichen.

Schaugläser von Schmutz und Wasser reinigen, Dichtungen nicht beschädigen, lieber auswechseln, sauber einsetzen. Hülsenmutter stramm anziehen,

Sonst brennt oder platzt der Tiger.

Auszug aus der D 656/27 „Tigerfibel".

Panzerkampfwagen VI „Tiger" II (Sd.Kfz. 182) mit der taktischen Nummer 233 der 2. Kompanie der schweren Panzer-Abteilung 503 in Budapest im Oktober 1944. Auch beim „Tiger" II kam der Maybach HL 230 P 30 zum Einbau. Am Heck der Wanne befanden sich die Auspufftöpfe, die denen des „Panthers" stark angeglichen waren.

Oben links: Der Zwölfzylinder-Maybachmotor HL 230 P 30 aus einem „Panther" mit der für diesen Panzertyp charakteristischen Luftfilterverkleidung.

Mitte links: Das Prinzip der Auspuffkühlung im „Panther".

Mitte rechts: Montage des Gebläses für die Abluft der Motor- und der Auspuffkühlanlage bei der Maschinenfabrik Augsburg-Nürnberg.

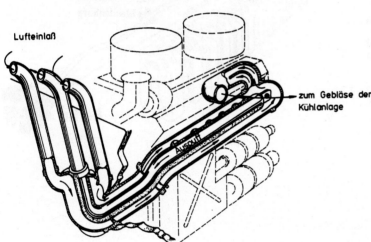

Lufteinlaß

zum Gebläse der Kühlanlage

Auspuff

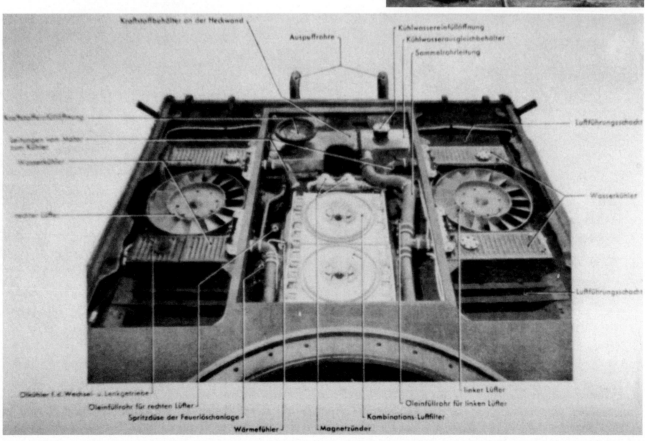

Kraftstoffbehälter an der Heckwand

Auspuffrohre

Kühlwassereinfüllöffnung
Kühlwasserausgleichbehälter
Sammelrohrleitung

Luftführungsschacht

Wasserkühler

Luftführungsschacht

Ölkühler f. d. Wechsel- u. Lenkgetriebe

Öleinfüllrohr für rechten Lüfter

Spritzdüse der Feuerlöschanlage

Wärmefühler

Magnetzünder

Kombinations-Luftfilter

Öleinfüllrohr für linken Lüfter

linker Lüfter

Panzerwart bei Reparatur- oder Wartungsarbeiten am Motor eines „Panthers". Neben ihm steht eine Kiste aus dem Spezial-werkzeugsatz.

Feldwerkstatt einer „Panther"-Einheit. Im Vordergrund arbeiten zwei Schlosser an einem Teil am Motor, das sich hinter der Wartungsöffnung des Wannenhecks befindet.

Feldmäßige Instandset-zung eines „Panther"-Motors HL 230 P 30. Aus Mangel an einer geeigne-ten Abstellvorrichtung für den Motor wurde dieser auf einem 200-Liter-Rollreifenfaß abgelegt.

Ein generalüberholter Zwölfzylinder-Maybachmotor HL 230 P 30 aus einem Panzerkampfwagen V „Panther" (Sd.Kfz. 171) in der Frontansicht (oben) und von der Ölkühlerseite aus gesehen (unten).

Der selbe Motor von der Seite, die zum Wannenheck zeigt (oben) und von der Lichtmaschinenseite (unten).

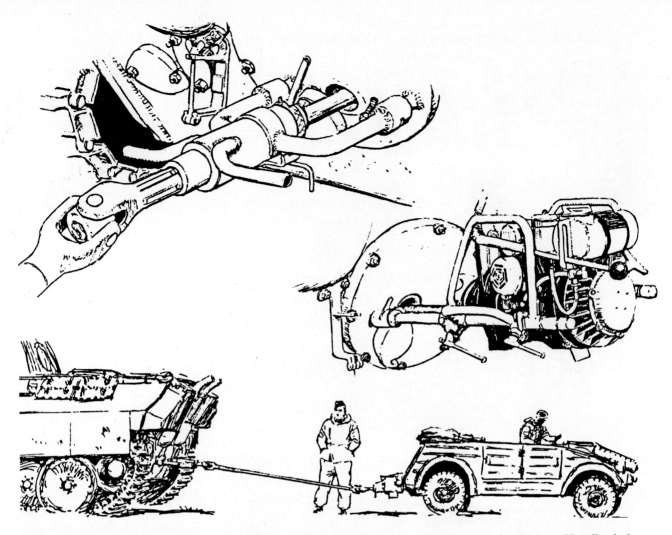

Neben dem üblichen Anlassen mit dem elektrischen Starter konnte der „Panther" auch mit einer Handkurbel, einem benzingetriebenen Anlasser oder mit einem am VW-Kübel befestigten Anlaßgerät gestartet werden. Unten: Manuelles Starten eines „Panther" der Ausführung D (taktische Nummer 221) in Italien 1943.

Maybachmotoren in gepanzerten Fahrzeugen (Übersicht)

Maybachmotor	Zylinder-zahl	Zylinder-anordnung	Leistung (PS)	Drehzahl (min^{-1})	Hubraum (cm^3)	Panzerfahrzeugtyp
NL 38 TR	6	Reihe	100	3.000	3.791	Pzkpfwg. I
HL 42 TRKM	6	Reihe	100	3.000	4.198	SPW Sd.Kfz. 250, 252 und 253
HL 42 TUKRM	6	Reihe	100	3.000	4.198	SPW Sd.Kfz. 250 und 251
HL 45 P	6	Reihe	150	3.800	4.678	VK 601, VK 1601 und VK 1801
HL 50 P	6	Reihe	180	4.000	4.995	SPW „Kätzchen"
HL 57 TR	6	Reihe	130	2.600	5.698	Pzkpfwg. II a
HL 62 TR/TRM	6	Reihe	140	2.600	6.191	Pzkpfwg. II b – F
HL 66 P	6	Reihe	180	2.800	6.754	VK 901, VK 903, Spähpz. „Luchs", Geschützwg. IVb
HL 90	12	V-Form	360	3.600	9.990	Geschützwg. III/IV, „Heuschrecke", Minenräumer
HL 108 TR/TUKRM	12	V-Form	250	3.000	10.838	Pzkpfwg. III A – D, Pzkpfwg. IV A, „Neubaufz.", PzBefwg. III D1 und E
HL 116	6	Reihe	300	3.300	11.048	VK 3001 (H)
HL 120 TR/TRM	12	V-Form	300	3.000	11.867	Pzkpfwg. III E – N und Abarten, Pzkpfwg. IV B – H und Abarten
HL 157 P	12	V-Form	550	3.500	15.580	VK 1602
HL 174	12	V-Form	550	3.000	19.144	VK 3601
HL 210 P45	12	V-Form	650	3.000	21.353	„Tiger" (frühe Ausf.)
HL 224	12	V-Form	600	3.000	21.353	VK 6501
HL 230 P30	12	V-Form	700	3.000	23.095	„Panther", „Tiger II"
HL 230 P45	12	V-Form	700	3.000	23.095	„Tiger" (späte Ausf.)
HL 234	12	V-Form	800	3.000	23.095	E 100

Italienische Soldaten vor einem Panzer I Ausf. A und einem Panzer III Ausf. G der 5. Panzer-Division in Nordafrika. Am Panzer I ist noch das taktische Zeichen der 5. Pz.Div., wie es bis 1940 verwendet wurde, zu sehen.
Obwohl die deutschen Panzer leistungsmäßig gut motorisiert waren, blieb stehts das Problem des hohen Kraftstoffverbrauchs bzw. geringen Fahrbereichs. Die Besatzungen versuchten daher soviel wie möglich an Benzinkanistern mitzunehmen.

Serienfertigung von Zwölfzylinder-V-Ottomotoren HL 120 von Maybach für die Panzerkampfwagen III und IV sowie die Zugkraftwagen 18 t Famo F2 und F3.

Panzerkampfwagen III (5 cm) Ausführung G (Sd.Kfz. 141) des Afrikakorps. Um den Motor vor dem Wüstensand zu schützen, wurden die Panzer zusätzlich mit einem Filzbalgfilter ausgerüstet.

Waffen-Arsenal Band 182
DM 14,80 / öS 108,-- / sfr 14,--

ISBN: 3 - 79 09 - 06 95 - 6

Ausgebauter HL-120-Motor aus einem Panzerkampfwagen IV (7,5 cm) Ausführung D oder E (Sd.Kfz. 161). Auf der rechten Seite des Triebwerkraums wurden die beiden Abluftgebläse abgelegt.

PODZUN-PALLAS-VERLAG • 61 200 Wölfersheim-Berstadt
Internet-Shop: http://www.podzun-pallas.de